The Silent Lyre/La Lira Silente
Early Sonnets of/Primi Sonetti di
Edna St. Vincent Millay
translated by L. Klinkon

Stesichorus Publications

Credit: Edna St. Vincent Millay, "When you, that at this moment are to me," "Love is not blind. I see with single eye," "I know I am but summer to your heart," "I pray you if you love me, bear my joy," "Oh, oh, you will be sorry for that word!," "Pity me not because the light of day," "I shall go back again to the bleak shore," "I being born a woman and distressed," "Still will I harvest beauty where it grows:," and "Euclid alone has looked on Beauty bare" from Collected Poems. Copyright 1923 and 1951 by Edna St. Vincent Millay and Norma Millay Ellis. Reprinted with the permission of The Permissions Company, Inc., on behalf of Holly Peppe, Literary Executor, The Millay Society, www.millay.org.

Copyright © 2017 by Laura Klinkon
All rights reserved. No portion of this work may be reproduced or transmitted in any form or by any means, electronic or mechanical, including photocopying and recording, or by any information storage and retrieval system, without written permission from the author/translator.

Cover photo (modified): Carrol Raddato
Production Consultant: Editions Printing, Rochester, N.Y.
Linguistic/editorial consultant: Terry Olivi, Rome, Italy
Published by Stesichorus Publications, Rochester, N.Y.
ISBN: 978-0-9986405-2-5
First Edition

The Silent Lyre/La Lira Silente
Early Sonnets of/Primi Sonetti di
Edna St. Vincent Millay
translated by L. Klinkon

If..like Andromeda, the Sonnet sweet [be]
Fetter'd, in spite of pained loveliness;
Let us find...Sandals more interwoven and complete
To fit the naked foot of poesy;
Let us inspect the lyre, and weigh the stress
Of every chord....
                John Keats

Se...come Andromeda, il dolce Sonetto [sia]
Incatenato, a dispetto della sua bellezza sofferente;
Cerchiamo...Sandali meglio intrecciati e rifiniti
Per calzare il piede nudo della poesia;
Scrutiamo la lira, calcoliamo la tensione
Di ogni corda....
    John Keats

Contents

Introduction	19
Thou art not lovelier than lilacs—no	28
Time does not bring relief; you all have lied	30
Mindful of you the sodden earth in spring	32
If I should learn, in some quite casual way	34
This door you might not open, and you did	36
I do but ask that you be always fair	38
Love, though for this your riddle me with darts	40
I think I should have loved you presently	42
Oh, think not I am faithful to a vow!	44
I shall forget you presently, my dear	46
We talk of taxes, and I call you friend	48
Upon the golden vessel of great song	50
Not with libations, but with shouts and laughter	52
Only until this cigarette is ended	54
Once more into my arid days like dew	56
No rose that in a garden ever grew	58
When I too long have looked upon your face	60
And you as well must die, beloved dust	62

Indice

Introduzione	11
Non siete più bello del fiore lillà—no	29
Il tempo non porta sollievo; avete tutti mentito	31
Memore di te la terra acquosa di primavera	33
Se io venissi a sapere, in modo piuttosto casuale	35
Questa porta non la dovevi aprire, però l'hai fatto	37
Chiedo soltanto che tu sia sempre gentile	39
Amore, anche se per questo mi sforacchi di frecce	41
Credo che ti avrei amato fra poco	43
Oh, non pensare ch'io sia fedele a un voto	45
Ti scorderò entro breve, caro mio	47
Noi parliamo di tasse, e io chiamo te amico	49
Nel vaso d'oro del gran canto	51
Non con libagioni, ma con grida e risa	53
Solo fino a quando non sarà finita questa sigaretta	55
Ancora una volta nei miei giorni aridi, come rugiada	57
Nessuna rosa che mai crebbe in giardino	59
Quando troppo a lungo ti ho guardato il viso	61
E tu pure devi morire, amata polvere	63

Let you not say of me when I am old	64
Oh my beloved, have you thought of this	66
As to some lovely temple, tenantless	68
Cherish you then the hope I shall forget	70
When you, that at this moment are to me	72
Love is not blind, I see with single eye	74
I know I am but summer to your heart	76
I pray you if you love me, bear my joy	78
Pity me not because the light of day	80
Oh, oh, you will be sorry for that word	82
I shall go back again to the bleak shore	84
I being born a woman and distressed	86
Still will I harvest beauty where it grows	88
Euclid alone has looked on Beauty bare	90
Bibliography	93

Che tu non dica di me quando sarò vecchia	65
Oh, mio amato, hai mai pensato a questo	67
Come chi a un bel tempio, senza occupanti	69
Tieni a cuore tu mio signore la speranza ch'io	71
Quando tu, che in questo momento sei per me	73
L'amore non è cieco, vedo con occhio acuto	75
Lo so che sono soltanto estate per il tuo cuore	77
Ti prego, se mi ami, sopporta la mia gioia	79
Compatisci me non perché la luce del giorno	81
Oh, oh, ti pentirai di questa parola	83
Tornerò di nuovo alla misera riva	85
Io, essendo nata donna e innervosita	87
Intanto, coglierò bellezza dovunque cresce	89
Euclide solo ha mirato Bellezza nuda	91
Bibliografia	93

Riconoscimenti

La Casa delle Traduzioni, delle Biblioteche di Roma ha ospitato la truduttrice dal 21 settembre al 12 ottobre, 2017 per agevolare questo progetto. La Fondazione San Pellegrino l'ha accolta a fine settimana del 29 settembre 2017 per partecipare al quindicesimo convegno delle "Giornate della Traduzione Letteraria."

Altri sostenitori e lettori sono i seguenti: Terry Olivi, poetessa di Roma, Alessandra Carnovale, poeta e organizzatrice del Laboratorio di Poesia Bel-Ami di Roma, le dottoresse Elvira Roncalli e Silvia Benso della Società per la Filosofia Italiana, U.S.A., e gli amici di Rochester, N.Y. Judith Judson, scrittrice e storica della danza, il dottore David White, professore, filosofo e poeta, David Michael Nixon, poeta e cantante folk, e i figli della traduttrice, Peter e Arthur Klinkon, disegnatori, a New York e a Boston. Ringraziamenti a tutti.

Introduzione

Non ci sorprende che uno dei consigli di Ezra Pound ai poeti sia stato di "rendere nuova la poesia." In quei tempi, negli anni '20, l'America era straordinariamente impegnata a rendere tutto nuovo. Si è incominciato a girare dappertutto guidando la Modello T, a darsi appuntamenti per telefono, a farsi distrarre da drammi radiofonici, a guardare film che presentavano delle femmes *fatales* semi-nude, a sentire musica tramite grammofoni, a ballare il charleston indossando gonne corte e tacchi alti che marcavano i polpacci, a fumare sigarette, ad abbonarsi a riviste sostenute dalla pubblicità crescente per prodotti domestici, a voler leggere per primi i romanzi best-seller, a viaggiare per il mondo se non in aereo, allora con il treno o con il transatlantico, a permettere alle donne di votare, e a tutti di divorziare. In più, dopo le stragi della prima guerra mondiale, le vecchie usanze vittoriane, morali, sociali, e altro, sembravano sospete o persino ridicole, tanto che tutti, specialmente le donne, volevano liberarsene. Non essere presi dallo spirito del "nuovo," significava essere all'antica.

Ma, per la famiglia di Edna St. Vincent Millay durante la sua gioventù, non era questione di perseguire la modernità. Vivendo in estrema povertà, spostandosi di luogo in luogo, dipendenti dall'ospitalità dei parenti, la famiglia Millay poteva appena sopravivere. Edna o Vincent, come preferiva essere chiamata, era la più grande di tre figlie di una madre che lavorava come infermiera privata, avendo divorziato quando Edna aveva solo nove anni. A dodici anni, era lei a cui toccava gestire la casa quando la mamma doveva lasciare le figlie anche di notte. Avevano poi potuto affittare una casa abitabile a Camden, Maine, ma nonostante ciò le bimbe sentivano fame, freddo, ed avevano contratto malattie gravi, una volta si erano perfino ammalate di tifo e di polio.

La madre aveva grandi aspettative per le figlie non solo riguardo alle faccende domestiche, ma richiedeva anche eccellenza nel campo delle conoscenze letterarie ed artistiche. Millay era pianista, cantante, e attrice, abituata a leggere la letteratura classica dalla preziosa biblioteca accummulata dalla madre, ad ascoltare la lettura di sua madre anche lei portata per la musica e il teatro, a scrivere e a recitare rime insieme alle sorelle, e, nonostante i lavori continui di casa, ad annotare fedelmente sul diario gli eventi personali durante tutti gli anni di scuola. Infatti, a solo quattordici anni, aveva incominciato a pubblicare poesie in riviste letterarie per giovani, alcune delle quali vinsero premi e furono ristampate in giornali locali e anche nazionali. A sedici anni, aveva messo insieme un quaderno di sessantuno sue poesie che regalò alla madre. Nelle scuole medie e al liceo, malgrado la sua povertà, i suoi vestiti rifatti, e la sua salute delicata, si distingueva per i suoi talenti artistici, mostrando talvolta anche una certa prepotenza verso i suoi professori. Non c'è dubbio che Edna St.Vincent Millay cresciuta da giovane donna capace e sicura di sé, fosse spinta dalle ambizioni della madre a prendere parte a concorsi di poesia—uno dei quali fu decisivo per il lancio della sua carriera professionale.

Fu la recita della sua poesia, *Renascence* già apparsa nel giornale *The Lyric Year*, che le permise di avere la protezione di una donna benestante, Caroline B. Dow, la quale generosamente finanziò i suoi studi presso il Vassar College, un'università per le donne, collocata nelle vicinanze di New York. Fu durante gli anni dell'università che, mentre continuava ad affermarsi nelle arti, iniziò pure ad essere coinvolta dalle libertà "jazz-age" del suo tempo. Anche se durante il liceo, di domenica aveva frequentato fedelmente un gruppo di studio della Bibbia, a Vassar e nelle sue visite a New York come studentessa, sperimentò il sesso sia con uomini sia con donne. Non sempre propensa a rispettare le regole della scuola, corse il rischio di vedersi negata la laurea a Vassar, ma il preside della scuola decise di non lasciare "uno Shelley esiliato sulla soglia."

Dopo l'università, si spostò al Greenwich Village di New York, dove il suo nome e fama come poeta e *femme fatale* l'avevano preceduta, ponendola fra artisti ben noti per le loro inclinazioni *bohémien*. Compose drammi e recitò per il gruppo teatrale Provincetown Players, scrisse articoli e racconti per riviste culturali come *Ainslee's* e *Vanity Fair*, pubblicò poesie in riviste (*Forum, Dial, Poetry, Reedy's Mirror, Vanity Fair*) e libri, fra i primi *Renascence and Other Poems, A Few Figs from Thistles, Second April, The Ballad of the Harp Weaver*. Questa ricca produzione rese Millay la poeta americana dell'età del jazz più riconosciuta a livello nazionale, diventando, non solo la musa, ma addirittura l'immagine pubblica del gruppo letterario *bohémien* del Greenwich Village.

C'erano altri gruppi a cui avrebbe potuto far parte, l'*Algonquin Round Table* nella stessa città di New York presieduto da

Dorothy Parker, oppure il gruppo *Imagista* creato da Ezra Pound e, secondo lui, impadronito poi da Amy Lowell; c'erano anche a New York gli artisti del gruppo *Harlem Renaissance* costituito da tanti recenti "emigrati" dal sud americano.

Il gruppo *Algonquin*, secondo Nina Miller nel suo libro *Making Love Modern*, era composto da critici, editori, drammaturghi, attori, e altri artisti emergenti, spesso ebrei, che lavoravano per la maggior parte nel cuore di Manhattan. Il gruppo *bohémien* del Greenwich Village, eredi di una certa tradizione artistica, ma in condizioni meno agiate e circondati dalle povere case e imprese degli immigrati italiani, stava diventando piuttosto un'attrazione turistica e meno sostenibile culturalmente. Quando arrivò Millay, sembrava che spettasse proprio a lei di far rivivere la tradizione artistica *bohémien*. Per questo gruppo, si diceva, la povertà era causata dai loro ideali anti-borghesi, mentre per gli italiani dei dintorni era causata dalla necessità. Pertanto, come il gruppo *Algonquin* verso il loro essere ebrei, e magari come gli artisti dello *Harlem Renaissance* verso le loro origini, i *bohémien* del Greenwich Village sembravano preferire identificazioni con le loro origini anglo-sassoni del New England, evitando di associarsi con le varie etnie che li circondavano. Dato il notevole aumento di giornali, riviste, e pubblicità, e per scansare la satira che s'incontrava in alcune riviste come il *Saturday Evening Post*, secondo Nina Miller, per questi artisti e letterati occorreva una identità pubblica riconoscibile, che, dopo tutto, non doveva essere completamente controcorrente rispetto alla cultura borghese emergente.

I *bohémien* del Greenwich Village erano socialmente distinti dal gruppo *Algonquin* e non erano neppure associati agli *Imagisti* o al gruppo *Modernista*, guidati da Lowell, Pound, e rappresentati da T.S. Eliot e Gertrude Stein. Questi ultimi erano più internazonali e più seriamente coinvolti nello stabilire nuove regole per la poesia—contro le quali Millay sostanzialmente si opponeva. Secondo Elizabeth Atkins scrivendo negli anni '30, la formalità vittoriana e la dizione poetica furono rifiutate dai modernisti, come anche la rima, la metrica, le allusioni mitologiche e lo stesso sonetto. Influenzati dal *mal de siècle* indotto dalla prima guerra mondiale, i poeti modernisti non erano propensi ad alcuna forma di ottimismo, e si trovavano psicologicamente perplessi davanti al relativismo di Einstein, alla psicologia di Freud, e alle nuove filosofie come quella di Henri Bergson.

Non essendo d'accordo con il programma imagista/modernista, la Millay ha scelto come forme favorite, il sonetto e finanche la ballata. Se pure si è detto che si sente l'influsso dei romantici, principalmente per il tono apertamente passionale delle sue poesie, la nostra poeta ha sfidato nondimeno le convenzioni tradizionali della poesia d'amore, traendo conclusioni sull'amore più realistiche e meno sognatrici. È questa indubbiamente la ragione per cui fu tanto amata ai suoi tempi: da una parte scriveva in forme comunemente riconoscibili, d'altra parte esprimeva idee non convenzionali e sentimenti più reali e contemporanei. Come donna nuova manifestava autodeterminazione e partecipazione sociale convinta.

Anche se negli anni venti l'America "rombava" di novità, i sentimenti personali avanzavano a passo più lento. Millay stessa ce lo rivela nel sonetto che conclude: *Compatisci me perché il cuore è lento a imparare /Cose che la mente rapida scorge ad ogni svolta.* Quindi, quando si parla di Millay come donna nuova e magari femminista, dobbiamo ricordare che fino a un certo punto, andava a passi piuttosto felpati...evidentemente per se stessa...se non per tutti i giovani che l'ascoltavano e compravano i suoi libri.

I sonetti di questo piccolo volume, anche se si vogliono intendere come sonetti d'amore, sono in gran parte, canti di lotta personale, o, forse più precisamente, di travaglio. Tramite essi, la poeta dice all'amato: la tua bellezza è troppo forte per me e devo fare attenzione; il tuo predominio mi offende anche se continuo ad essere avvinta; la tua memoria, avendo perso la gioia della tua presenza, continua a perseguitarmi; sono prigioniera di te e sto per diventare poco più di un peso persistente o un sogno compiaciuto. Dal punto di vista della poeta infatti, "l'amore" muore sempre o non basta o ha bisogno di distrazioni o richiede esaltazione o provoca dolore, o non è altro che sesso e menzogne. Inoltre l'amato, forse di scarsa comprensione, può essere sentito come una deviazione dalla vera identità e dalla vera vita artistica della poeta.

Il sonetto, tradizionalmente, è considerato una perla dialettica, e quelli della Millay, malgrado la emozionalità che esibiscono, sono costruiti con un'accorta maestria che conduce con salda destrezza alla conclusione, rivelata negli ultimi versi. Si nota qui che diciamo "conclusione," ma ci si potrebbe chiedere, dato che la conclusione del sonetto viene talvolta detta "risoluzione," se le risoluzioni siano state in effetti raggiunte. A me sembra che in parecchi sonetti, solo una certa *stasi* è raggiunta. Quel che Millay sembra voler dire è questo: "Ebbene, così è l'amore, e deve essere ammesso tale e quale," rispecchiando sostanzialmente un punto di vista modernista. Mentre Marvell, nel periodo elisabettiano poteva dire, "...*se/Non potremo obbligare il nostro sole a fermarsi, / Potremo tuttavia obbligarlo a correre.*" Millay sembra dire, '*Se non possiamo obbligare la nostra passione a fermarsi,/ Potremo tuttavia addattarci o sfruttare al meglio qualunque siano le sue esigenze.*"

Non che i sonetti di Millay sono privi di sagezza o di ispirazione. Alcune delle sue poesie richiamano l'obiettivo di trascendere i limiti. Quando in queste poesie appaiono degli dei come personaggi tendono a fare la figura di buffoni. I personaggi che giungono all'amore "alto e lontano" sono invece le grandi munifiche donne delle leggende, ovvero i poeti che ne cantano le lodi. Millay dice che se vogliamo obbligare l'amore a correre, dobbiamo sollevarlo al livello di un'arte, però spinge a chiederci se ciò sia possibile per l'uomo o per la donna comune.

Le caratteristiche che i lettori vorranno riconoscere nei versi della Millay, sono la prevalenza di immagini tratte dalla natura e quelle classicheggianti, l'atteggiamento di padronanza di sé che spesso affiora e le scelte lessicali sempre concorde con l'ambientazione creata. Dal punto di vista della tecnica poetica tradizionale, l'alliterazione e *l'enjambment*, creano una tipica bellezza sonora e, occorrendo, addolciscono il ritmo. Alcune immagini colpiscono particolarmente, come per esempio: "*Egli mi manca nel pianto della pioggia;/Lo voglio al ritrarre della marea;*" ovvero "*Amore, anche se per questo mi sforacchi di frecce, / E mi trascini legata alla tua biga finché non muoio...*"

La padronanza di sé si potrebbe anche capire come idea di fondo in questi sonetti, trovata non solo in "*Se io venissi a sapere, in modo piuttosto casuale, / Che tu fossi via, da non tornare mai più...,*" ma anche espressa direttamente nel sonetto basato sulla fiaba *Barbablù*: "*Intanto, solo questa [stanza vuota] della mia vita serbai / Per me stessa, affinché non mi conoscessero a fondo....*" In quanto alle scelte lessicali, possiamo giustamente meravigliarci di come la Millay riesca a creare un atmosfera contemporaneo "*jazz-age*" con "*Solo fino a quando non sarà finita questa sigaretta*" a fianco dell'atmosfera quasi medioevale di "*Come chi a un bel tempio, sen-*

za occupanti" che richiama nostalgicamente l'arredo di "*ottone vibrante.*" Rivolgendosi alla passione sessuale, la Millay si esprime più sovente in termini velati, come in: "*la dolce, immortale altezza/ Che nessun pellegrino può ricordare né dimenticare*" o "*Il tuo corpo era un tempio al Diletto...,*" o magari più esplicitamente "*e sento una certa voglia/Di sostenere il tuo peso sul petto mio....*"

Questa traduzione non intende riprodurre né la rima né la metrica dei sonetti originali, per cui sarebbero state necessarie rielaborazioni e adattamenti alla metrica italiana, ai modi di scansione italiani e perfino alla requisita precisione grammaticale, a discapito del significato generalmente chiaro seppure intrecciato dei versi di Millay. Così il suo ben regolare giambo pentametro non è stato mutato in un endecasillabo regolare, anche se questi sonetti nell'originale si attengono molto spesso allo schema petrarchesco. In compenso la traduzione italiana cerca di ritenere fedelmente quanto più possibile, la cadenza, l'andatura, e la forza del sentimento e del pensiero della poeta.

Questi sonetti sono fra le più belle poesie delle sue prime composizioni. Mentre il grande romanziere, architetto e poeta Thomas Hardy uguagliava i sonetti di Millay all'eccellenza dei grattacieli americani, i letterati americani, da parte loro, anche con l'impeto della sua popolarità, hanno conferito alla Millay il Premio Pulitzer nel 1923, quando lei aveva 31 anni, la terza donna di aver vinto il premio per la poesia.

Laura Klinkon, giugno 2018

Acknowledgments

The "Casa delle Traduzioni" of the Libraries of Rome, hosted the translator from September 21 to October 12 of 2017 to benefit this project. The San Pellegrino Foundation also welcomed her to participate in their fifteenth annual conference "Giornate della Traduzione Letteraria," the weekend of September 29, 2017.

Additional supporters and readers are as follow: Terry Olivi, poet of Rome, Alessandra Carnovale, poet and organizer of the Laboratorio di Poesia Bel-Ami of Rome, Drs. Elvira Roncalli and Silvia Benso of the Society for Italian Philosophy, U.S.A., friends in Rochester, N.Y., Judith Judson, writer and dance historian, Dr. David White, professor, philosopher and poet, David Michael Nixon, poet and folk-singer, the translator's sons, Peter and Arthur Klinkon, designers, New York and Boston.

Introduction

It is not surprising that one of Ezra Pound's primary dicta for poetry was to "make it new." In his day, in the 20's, America was extraordinarily busy making everything new. We began to drive everywhere in Model-T's, to make dates over the phone, to be entertained by radio dramas, to watch movies featuring scantily clad *femmes fatales*, to listen to music played by gramophones, to dance the Charleston wearing short skirts and heels that accentuated the calves, to smoke cigarettes, to subscribe to magazines supported by household product advertisements, to be the first to read best-seller novels, to travel the world, if not yet by plane, then by train or ocean liner, to allow women to vote and everyone to be divorced. Moreover, after the ravages of World War I, Victorian customs—moral, social, and otherwise, were suspect or seemed ridiculous so that everyone, particularly women, wanted to be free of them. Not to be caught up in the spirit of the "new" was to be old-fashioned.

Yet for Edna St. Vincent Millay's family it was not really a question of going modern. Living in dire poverty, moving from place to place, dependent on the hospitality of relatives, the Millay family could barely survive. Edna or Vincent, as she preferred to be called, was the eldest of three daughters of a mother who worked as a private nurse, who divorced when Edna was only nine. At twelve years old, she was the one required to manage the household when her mother had to leave the children even at night. Eventually they were able to rent a livable home in Camden, Maine, but even so, the children experienced hunger, cold, and serious illness, at one time cotracting even typhoid and polio.

Her mother, nevertheless, had high expectations for her children, not only with regard to household duties; she also expected excellence from her daughters in their knowledge of literature and in the arts. Millay was a pianist, singer, and actress, accustomed to reading the classics from her mother's precious library, to hearing her mother read who was herself both musical and theatrical, also to writing and reciting rhymes with her sisters, and in spite of constant household chores, faithfully keeping diaries throughout her school years. In fact, she was only fourteen when she began to publish poems in a children's literary journal, some of which won prizes and were reprinted in newspapers and even in national publications. By the age of sixteen, she had compiled sixty-one poems in a notebook which she gifted to her mother. In middle and high school, in spite of her poverty, her made-over clothing and fragile health, she clearly stood out for her artistic talents, even at times showing a certain arrogance toward her teachers. There is no question that Edna St. Vincent Millay, brought up as a capable and self-assured young woman, was encouraged by her mother's ambitions to enter poetry contests—one of which became pivotal in launching her professional career.

It was the recital of her poem, *Renascence*, previously published in the journal *The Lyric Year*, that won her the patronage of a wealthy lady, Caroline B. Dow, who generously financed her education at Vassar, a college for women located near New York City. During her school years, while continuing to assert herself artistically, she also began to be caught up in the jazz-age freedoms of her time. Even though in high school, she had faithfuly attended Sunday Bible study, at Vassar and on her visits to New York as an undergraduate, she experimented with sexuality both with men and women. Not always inclined to follow school rules, she was nearly denied graduation at Vassar, but for the president's decision not to leave "a banished Shelley on [his] doorstep."

After college, she moved to Greenwich Village in New York City, where her name and reputation as a poet/*femme fatale* had preceded her and made her a place among artists known for their bohemian proclivities. There she wrote and performed for the Provincetown Players, wrote articles and stories for cultural magazines such as *Ainslee's* and *Vanity Fair*, and published her poetry both in magazines (*Forum, Dial, Poetry, Reedy's Mirror, Vanity Fair*) and in books, among her first *Renascence and Other Poems, A Few Figs from Thistles, Second April*, and *The Ballad of the Harp Weaver*—all of which established her as a nationally recognized poet of jazz-age America, becoming not only the muse of the Greenwich Village literary coterie but its public image.

There were other groups Millay might have belonged to, that of the Algonquin Round Table also in New York presided over by Dorothy Parker, or the Imagist group originated by Ezra Pound and "pre-empted," according to him, by Amy Lowell; there were, in addition, the artists of the Harlem Renaissance comprised of recently arrived "emigrés" to New York from the American South.

The Algonquin group, according to Nina Miller in her book, *Making Love Modern*, was made up of up-and-coming critics, editors, playwrights, actors, and performers, often Jewish, who worked mostly in central Manhattan. Greenwich Village, though supported by a certain artistic tradition, with its less well-to-do premises, surrounded by poor Italian immigrant homes and enterprises, was becoming something more of a tourist attraction and less culturally viable. When Millay arrived, it seemed to fall to her to revive the bohemian artistic tradition. The bohemians, it was said, were poor due to their anti-bourgeois ideals, whereas the surrounding Italians were poor by necessity. Yet, like the Algonquin group in relation to their Jewishness, and even the artists of the Harlem Renaissance in relation to their origins, the Greenwich Villagers seemed to prefer identifying with their New England Anglo-Saxon heritage and certainly shunned association with the ethnicity surrounding them. In the face of newspaper, magazine, and advertising growth, and in response to satirical commentary emanating from magazines like the *Saturday Evening Post*, as indicated by Nina Miller, these artists and literati needed to establish recognizable public identities that were, after all, not completely anathema to the evolving culture of the rising middle class.

From a literary standpoint, Greenwich Village bohemians were socially distinct from the Algonquin group, and were not aligned with the Imagist or Modernist group, as led by Lowell, Pound, and others. The latter were more international and more seriously involved in establishing new rules for poetry—new rules which Millay substantially opposed. According to Elizabeth Atkins writing in the 1930's, Victorian formality and conventional poetic diction were rejected among the modernists, as were rhyme, meter, mythological allusions, and the sonnet itself. Affected by the *mal de siècle* induced by WWI, modernist poets were disinclined toward any sort of optimism, and found themselves psychologically at a loss when faced with Einstein's theory of relativity, Freudian psychology, and new philosophies such as Henri Bergson's.

Not an adherent to the imagist/modernist program, Millay chose the sonnet, along with the ballad, as her most favored poetic forms. Though it has been said that she was a Romantic largely due to the openly emotional tone of her poems, she nevertheless challenged the traditional conventions of love poetry, drawing more realistic and less starry-eyed conclusions about love. This is no doubt why she became so popular in her time: she used forms that were familiar and recognizable to her readers, expressing, however, unconventional attitudes and feelings seen to be more real and timely. As a "new woman," she demonstrated sexual self-determination, and self-assured participation as an artist in society.

Though America in the 1920s was "roaring" with newness, on a personal level human feelings were slower to change. Millay reveals this in one of her sonnets that ends, "*Pity me that the heart is slow to learn/ What the swift mind beholds at every turn.*" So, when we talk of Millay as a new woman, and even as a feminist, we must remember that she is to a considerable degree still feeling her way...evidently for herself... and for all the young people who listened to her and bought her books.

The sonnets in this volume, though one wants to think of them largely as love sonnets, are, most of them, songs of personal struggle, or, perhaps more precisely, anguish. In them the poet says to the beloved, your beauty is too much for me and I must be cautious, your dominance offends me though I continue to be enthralled, your memory continues to haunt me, whereas I've lost the joy of your presence, I am a prisoner to you and am becoming no more than a lingering burden or a mere complacent dream. In fact, from the poet's perspective, "love" always dies, or is insufficient, or needs distraction, or requires exaltation, or causes pain, or is merely sex or lies. The beloved, may, in addition, be felt as an uncomprehending distraction from the poet's true self and her artistic goals.

The sonnet, traditionally, is understood as a dialectical gem, and those of Millay, in spite of the emotionality they display, are structured with conscious craftsmanship and lead with deft artistry towards the conclusion revealed in the last lines. Notice we say here "conclusion" for one could ask, since the sonnet's conclusion is sometimes referred to as the "resolution," whether resolution is achieved. It seems to me that in many of Millay's sonnets, only a certain *stasis* is achieved. What the poet seems to be saying is that, '*Well, this is the way love is, and needs to be accepted as such*,' thus reflecting to some degree, a modernist point of view. Whereas Marvell, in Elizabethan times could say "*Though we cannot make our sun stand still, yet we will make him run*," Millay seems to say, '*Though we cannot make our passion stand still, yet we will adapt to or make the most of whatever its requirements.*'

This is not to say that Millay's sonnets do not offer wisdom or inspiration. Some of her poems call forth the determination to transcend limitations. When gods appear as "characters" in these poems, they tend to come off as buffoons. The personae who raise love to its sacred heights are represented instead, by the great unstinting women of legend or by the poets who regale them. Millay says, we must raise love to an art if we are to make it run, yet one does ask if this is possible for the common run of humanity.

What readers will come to recognize is the preponderance of nature and cassical imagery that exists in Millay's sonnets, the attitude of self-possession they often express, and the diction that is thoroughly suitable to the settings she creates. From the standpoint of traditional poetic devices such as alliteration and enjambment, the original sonnets create a sonic beauty and, as needed, are enjoined to soften the rhythm. But the nature and classical imagery are especially striking as in: "*I miss him in the weeping of the rain;/ I want him at the shrinking of the tide*;" or "*Love, though for this you riddle me with darts, /And drag me at your chariot till I die....*"

The self-possession can be seen as an underlying theme in these sonnets, and can be found not only in "*If I should learn, in some quite casual way, that you were gone, not to return again*," but also directly stated as in the sonnet based on the *Bluebeard* fable: "*Yet this [empty room] alone out of my life I kept/Unto myself, lest any know me quite....*" As for diction, we can be justifiably amazed that Millay can create a very contemporary "jazz-age" atmosphere in "*Only until this cigarette is ended*" but a quasi-medieval setting in "*As to some lovely temple, tenantless*" recalling nostalgically, its "*shivering brass*" decor. In addressing sexual passion, Millay, most often does so in veiled terms, as in: "*...the sweet, immortal height,/No pilgrim may remember nor forget...*," or "*Your body was a temple to Delight....*"or more explicitly: "*I...find/Your person fair, and feel a certain zest/To bear your body's weight upon my breast....*"

The present translation does not attempt to recreate the sonnets' rhyme and meter, which would have necessitated reworkings and adaptations to Italian rules of metric, ways of scanning, and required grammatical precision—to the detriment of Millay's generally clear though woven meaning. Her quite regular iambic pentameter has not been transformed to a regular *endecasillabo*, even though the poet's own rhyme schemes frequently follow Petrarchan patterns. Yet, the Italian translation does attempt as faithfully as possible to retain the true cadence, pace, and power of her thought and feeling.

These sonnets are among the most beautiful of her early compositions. While the novelist, architect and poet Thomas Hardy equated the quality of Millay's sonnets with America's excellent skyscrapers, the American intelligentsia, no doubt influenced by her popularity, awarded her the Pulitzer Prize of 1923 at thirty-one years of age, the third woman to have won the award for poetry.

Laura Klinkon, June 2018

The Silent Lyre

La Lira Silente

Thou art not lovelier than lilacs,—no,
Nor honeysuckle; thou art not more fair
Than small white single poppies,—I can bear
Thy beauty; though I bend before thee, though
From left to right, not knowing where to go,
I turn my troubled eyes, nor here nor there
Find any refuge from thee, yet I swear
So has it been with mist,—with moonlight so.
Like him who day by day unto his draught
Of delicate poison adds him one drop more
Till he may drink unharmed the death of ten,
Even so, inured to beauty, who have quaffed
Each hour more deeply than the hour before,
I drink—and live—what has destroyed some men.

Non siete più bello del fiore lillà,—no,
Né del caprifoglio; né più bello
Dei piccoli bianchi papaveri sdoppi,—sopporto
La vostra bellezza; anche quando a voi m'inchino, e
A destra e a sinistra, non sapendo dove andare,
Distolgo gli occhi turbati, né qui né lì
Trovando riparo da voi, eppure giuro
È stato così nella foschia,—così al plenilunio.
Come chi di giorno in giorno nella boccetta
Di delicato veleno aggiunge una goccia in più
Finché non abbia bevuto indenne la morte di dieci,
Così, assuefatta alla bellezza, bevuto a grandi sorsi
Ogni ora più profondamente che nell'ora prima,
Bevo—e vivo—quello che ha distrutto alcuni uomini.

Time does not bring relief; you all have lied
Who told me time would ease me of my pain!
I miss him in the weeping of the rain;
I want him at the shrinking of the tide;
The old snows melt from every mountain-side,
And last year's leaves are smoke in every lane;
But last year's bitter loving must remain
Heaped on my heart, and my old thoughts abide.
There are a hundred places where I fear
To go,—so with his memory they brim.
And entering with relief some quiet place
Where never fell his foot or shone his face
I say, "There is no memory of him here!"
And so stand stricken, so remembering him.

Il tempo non porta sollievo; avete tutti mentito
Dicendo che il tempo avrebbe calmato il mio dolore!
Egli mi manca nel pianto della pioggia;
Lo voglio al ritrarre della marea;
Le vecchie nevi montane si sciolgono su ogni pendio,
E le foglie dell'anno scorso sfumano in ogni viottolo;
Ma l'amore amaro dell'anno scorso per forza rimane
Accumulato sul mio cuore, e i vecchi pensieri ristanno.
Sono centinaia i luoghi dove temo di
Andare,—tanti i ricordi di lui che vi traboccano.
E entrando con sollievo in qualche posto quieto
Dove lui mai mise piede, né mai si affacciò,
Dico, "Non c'è memoria di lui qui!"
E così sto fulminata, così ricordandolo.

Mindful of you the sodden earth in spring,
And all the flowers that in the springtime grow,
And dusty roads, and thistles, and the slow
Rising of the round moon, all throats that sing
The summer through, and each departing wing,
And all the nests that the bared branches show,
And all winds that in any weather blow,
And all the storms that the four seasons bring.
You go no more on your exultant feet
Up paths that only mist and morning knew,
Or watch the wind, or listen to the beat
Of a bird's wings too high in air to view,—
But you were something more than young and sweet
And fair,—and the long year remembers you.

Memore di te la terra acquosa di primavera,
E tutti i fiori che in primavera crescono,
E le strade polverose, i cardi, il lento
Spuntar di luna piena, le gole che cantano
L'estate intera, e ogni ala in partenza,
E tutti i nidi scoperti fra rami nudi,
E tutti i venti che in ogni tempo soffiano,
E tutte le tempeste che le quattro stagioni portano.
Tu non vai più col tuo passo gioioso
Per sentieri che sapevano solo foschia e mattino;
E neppure guardi il vento, né ascolti il battito
Delle ali di un uccello troppo in alto per vedere,—
Ma tu eri qualcosa di più che giovane e dolce
E bello,—e il lungo anno ti ricorda.

If I should learn, in some quite casual way,
That you were gone, not to return again—
Read from the back-page of a paper, say,
Held by a neighbor in a subway train,
How at the corner of this avenue
And such a street (so are the papers filled)
A hurrying man, who happened to be you,
At noon today had happened to be killed,
I should not cry aloud—I could not cry
Aloud, or wring my hands in such a place—
I should but watch the station lights rush by
With a more careful interest on my face,
Or raise my eyes and read with greater care
Where to store furs and how to treat the hair.

Se io venissi a sapere, in modo piuttosto casuale,
Che tu fossi via, da non tornare mai più—
Leggendo nell'ultima pagina di un giornale, diciamo,
Tenuto da uno vicino nella metropolitana,
Che all'angolo di questa strada
E che strada (così si riempiono i giornali)
Un uomo in fretta, che fosse per caso te,
Alle dodici oggi fosse stato ucciso,
Non piangerei ad alta voce—non potrei piangere
Forte, né torcermi le mani in tale luogo—
Ma fisserei passando di corsa le luci della stazione
Con espressione più attenta sul viso,
O alzerei gli occhi per leggere con più cautela
Dove riporre pellicce e come curare i capelli.

This door you might not open, and you did;
So enter now, and see for what slight thing
You are betrayed.... Here is no treasure hid,
No cauldron, no clear crystal mirroring
The sought-for Truth, no heads of women slain
For greed like yours, no writhings of distress,
But only what you see.... Look yet again:
An empty room, cobwebbed and comfortless.
Yet this alone out of my life I kept
Unto myself, lest any know me quite;
And you did so profane me when you crept
Unto the threshold of this room tonight
That I must never more behold your face.
This now is yours. I seek another place.

cf. "Bluebeard" by Charles Perrault

Questa porta non la dovevi aprire, però l'hai fatto;
Adesso entra, e guarda per quale meschina cosa
Sei tradito.... Non c'è qui un tesoro nascosto,
Nessun calderone, nessun chiaro cristallo che rispecchi
La cercata Verità, nessuna testa di donna assassinata
Per avidità come la tua, nessun fremere di angoscia,
Solo quello che vedi.... Da' un'altra occhiata:
Una stanza vuota, con ragnatele e scomoda.
Intanto, solo questa della mia vita serbai
Per me stessa, affinché non mi conoscessero a fondo;
E tu mi hai talmente profanata, strisciando
Sopra la soglia di questa camera stanotte
Che mai più posso guardarti in viso.
Questa adesso è tua. Io cerco un altro posto.

cf. "Barbablu" di Charles Perrault

I do but ask that you be always fair
That I forever may continue kind;
Knowing me what I am, you should not dare
To lapse from beauty ever, nor seek to bind
My alterable mood with lesser cords:
Weeping and such soft matters must invite
To further vagrancy, and bitter words
Chafe soon to irremediable flight.
Wherefore I pray you if you love me dearly
Less dear to hold me than your own bright charms,
Whence it may fall that until death or nearly
I shall not move to struggle from your arms;
Fade if you must; I would but bid you be
Like the sweet year, doing all things graciously.

Chiedo soltanto che tu sia sempre gentile
In modo che io possa sempre essere dolce;
Conoscendomi come sono, non dovresti osare
Di scadere mai dalla bellezza, né di voler legare
Il mio animo variabile a corde minori:
Piangere e simili morbidi affari invitano solo
A successivo vagare; e parole amare
Spingono presto a una fuga irreparabile.
Per cui ti avverto se mi tieni cara
Meno cara sarei se fuori del tuo luminoso fascino,
Quindi, è possibile che fino alla morte o quasi
Non mi muova per svincolarmi dalle tue braccia;
Recedi se devi; ti pregherei solo di essere
Come il dolce anno, facendo tutto con grazia.

Love, though for this you riddle me with darts,
And drag me at your chariot till I die, —
Oh, heavy prince! Oh, panderer of hearts! —
Yet hear me tell how in their throats they lie
Who shout you mighty: thick about my hair,
Day in, day out, your ominous arrows purr,
Who still am free, unto no querulous care
A fool, and in no temple worshiper!
I, that have bared me to your quiver's fire,
Lifted my face into its puny rain,
Do wreathe you Impotent to Evoke Desire
As you are Powerless to Elicit Pain!
(Now will the god, for blasphemy so brave,
Punish me, surely, with the shaft I crave!)

Amore, anche se per questo mi sforacchi di frecce,
E mi trascini accanto alla tua biga finché non muoio,—
O, principe pesante! O, ruffiano di cuori!—
Sentimi dire quanto mentiscono le gole
Che ti gridano potente: fitte intorno ai miei capelli,
Giorno per giorno, le tue frecce minacciose sorvolano,
Che sto tuttavia libera, in nessuna scontrosa ansia
Una stolta, e in nessun tempio devota!
Io, che mi sono esposta ai proiettili della tua faretra,
E alzata la faccia a quella fiacca pioggia,
T'incorono Impotente a Suscitar Desio
Come anche Impotente a Provocar Dolore!
(Adesso vorrà il dio, per sacrilegio tanto sfrontato,
Punirmi, certamente, col palo che io bramo!)

I think I should have loved you presently,
And given in earnest words I flung in jest;
And lifted honest eyes for you to see,
And caught your hand against my cheek and breast;
And all my pretty follies flung aside
That won you to me, and beneath your gaze,
Naked of reticence and shorn of pride,
Spread like a chart my little wicked ways.
I, that had been to you, had you remained,
But one more waking from a recurrent dream,
Cherish no less the certain stakes I gained,
And walk your memory's halls, austere, supreme,
A ghost in marble of a girl you knew
Who would have loved you in a day or two.

Credo che ti avrei amato fra poco,
E detto sul serio parole gettate lì per gioco;
E alzato occhi onesti per te da vedere,
E portato la tua mano alla guancia e al petto;
E tutte le mie follie buttate via in disparte
Che ti vinsero a me, e sotto il tuo sguardo,
Spoglia di reticenza e svestita d'orgoglio,
Avrei rivelato come in tabella i miei modi cattivelli.
Io, che sarei stata per te, se fossi rimasto,
Solo un risveglio in più da un sogno ricorrente,
Mi vanto nondimeno di certi premi vinti,
E vago nelle sale della tua memoria, severa, imperiosa,
Un fantasma in marmo di una ragazza che conoscesti
Che ti avrebbe amato fra un giorno o due.

Oh, think not I am faithful to a vow!
Faithless am I save to love's self alone.
Were you not lovely I would leave you now:
After the feet of beauty fly my own.
Were you not still my hunger's rarest food,
And water ever to my wildest thirst,
I would desert you—think not but I would!—
And seek another as I sought you first.
But you are mobile as the veering air,
And all your charms more changeful than the tide,
Wherefore to be inconstant is no care:
I have but to continue at your side.
So wanton, light and false, my love, are you,
I am most faithless when I most am true.

Oh, non pensare ch'io sia fedele a un voto!
Sleale sono io, fuorché all'amore stesso.
Se tu non fossi amabile, ti lascerei adesso:
Appresso i piedi della bellezza volano i miei.
Se tu non fossi ancora il cibo più raro della mia fame,
E l'acqua assoluta per la mia sete più selvaggia,
Ti lascierei—non dubitare che non lo farei!—
E cercherei un altro come avevo prima cercato te.
Ma tu sei mobile come l'aria sbandata,
E tutti i tuoi vezzi più mossi che la marea,
Per cui l'essere incostante non dà fastidio:
Devo soltanto rimanere al tuo lato.
Tanto volubile, leggero e falso, amore mio, sei tu,
Sono più sleale, quando fedele sono di più.

I shall forget you presently, my dear,
So make the most of this, your little day,
Your little month, your little half a year,
Ere I forget, or die, or move away,
And we are done forever; by and by
I shall forget you, as I said, but now,
If you entreat me with your loveliest lie
I will protest you with my favorite vow.
I would indeed that love were longer-lived,
And oaths were not so brittle as they are,
But so it is, and nature has contrived
To struggle on without a break thus far,—
Whether or not we find what we are seeking
Is idle, biologically speaking.

Ti scorderò entro breve, caro mio,
Quindi goditi questa tua piccola giornata,
Il tuo piccolo mese, il tuo piccolo mezz'anno,
Prima ch'io dimentichi o muoia o cambi casa,
E noi avremmo finito tutto per sempre; prima o poi
Ti scorderò, come ho detto, ma per adesso,
Se mi preghi con la tua più amabile bugia
Ti affermerò con la mia più bella promessa.
Vorrei davvero che l'amore durasse ancora,
E che i voti non fossero fragili come sono,
Ma così è, e la natura ha tramato
Di tirare avanti senza sosta fin qui,—
Se troviamo o no quel che cerchiamo
Non significa nulla, biologìcamente parlando.

We talk of taxes, and I call you friend;
Well, such you are,—but well enough we know
How thick about us root, how rankly grow
Those subtle weeds no man has need to tend,
That flourish through neglect, and soon must send
Perfume too sweet upon us and overthrow
Our steady senses; how such matters go
We are aware, and how such matters end.
Yet shall be told no meagre passion here;
With lovers such as we forevermore
Isolde drinks the draught, and Guinevere
Receives the Table's ruin through her door,
Francesca, with the loud surf at her ear,
Lets fall the coloured book upon the floor.

Noi parliamo di tasse, e io chiamo te amico;
Che, certo, lo sei,—ma abbastanza bene sappiamo
Come fitte dintorno attechiscono, e marce crescono
Quelle erbacce sottili a cui nessuno dà retta,
Che fioriscono nonostante l'incuria, e presto spargono
Profumi stradolci tra noi, sconvolgendo
I nostri sensi saldi; come procedono questi fatti
Lo sappiamo, e come questi fatti finiscono.
Ma qui non si racconterà una smunta passione;
Insieme ad amanti come noi, in eterno
Isolda beve a sorsate, e Ginevra
Riceve la rovina della Tavola attraverso la porta,
Francesca, con le urla delle onde all'orecchio,
A terra lascia cadere il libro colorito.

Into the golden vessel of great song
Let us pour all our passion; breast to breast
Let other lovers lie, in love and rest;
Not we,—articulate, so, but with the tongue
Of all the world: the churning blood, the long
Shuddering quiet, the desperate hot palms pressed
Sharply together upon the escaping guest,
The common soul, unguarded, and grown strong.
Longing alone is singer to the lute;
Let still on nettles in the open sigh
The minstrel, that in slumber is as mute
As any man, and love be far and high,
That else forsakes the topmost branch, a fruit
Found on the ground by every passer-by.

Nel vaso d'oro del gran canto
Versiamo tutta la nostra passione; petto a petto
Che altri amanti si sdraino, in amore e riposo;
Noi, no,—espressivi sì, ma con la lingua
Del mondo tutto: il sangue agitato, la lunga
Fremente quiete, le calde palme disperate compresse
Fitte insieme sull'ospite che scappa,
L'anima comune, incustodita, e diventata forte.
È solo il desiderio quel che canta per il liuto;
Lascia tra le ortiche in sospeso respiro
Il menestrello, che in sonno è muto come
Ogni altro uomo, e che l'amore sia alto e lontano,
Sennò cede il ramo più elevato, un frutto
Trovato a terra da ogni passante.

Not with libations, but with shouts and laughter
We drenched the altars of Love's sacred grove,
Shaking to earth green fruits, impatient after
The launching of the colored moths of Love.
Love's proper myrtle and his mother's zone
We bound about our irreligious brows,
And fettered him with garlands of our own,
And spread a banquet in his frugal house.
Not yet the god has spoken; but I fear
Though we should break our bodies in his flame,
And pour our blood upon his altar, here
Henceforward is a grove without a name,
A pasture to the shaggy goats of Pan,
Whence flee forever a woman and a man.

Non con libagioni, ma con grida e risa
Inzuppammo gli altari del sacro boschetto d'Amore,
Scuotendo a terra frutta verde, impazienti dopo
Il lancio delle falene colorate d'Amore.
Il mirto adatto per Amore e per la cinghia di sua madre
L'allacciammo intorno alle nostre sopracciglia profane,
E intralciammo lui con ghirlande nostrane,
E offrimmo un banchetto nella sua casa frugale.
Ancora non si è pronunciato il dio; ma temo che
Magari spezzandoci i corpi sulla sua fiamma,
E versando il nostro sangue sul suo altare, qui
D'ora in poi ci sarà un boschetto senza nome,
Pascolo per le capre irsute di Pan,
Da cui fuggono per sempre un uomo e una donna.

Only until this cigarette is ended,
A little moment at the end of all,
While on the floor the quiet ashes fall,
And in the firelight to a lance extended,
Bizarrely with the jazzing music blended,
The broken shadow dances on the wall,
I will permit my memory to recall
The vision of you, by all my dreams attended.
And then adieu,—farewell!—the dream is done.
Yours is a face of which I can forget
The colour and the features, every one,
The words not ever, and the smiles not yet;
But in your day this moment is the sun
Upon a hill, after the sun has set.

Solo fino a quando non sarà finita questa sigaretta,
In un piccolo momento alla fine di tutto,
Mentre sul pavimento cadrà la cenere quieta,
E nella luce del fuoco allungata a lancia,
Bizzarramente mescolata alla musica jazz,
La spezzata ombra ballando sul muro,
Permetterò alla mia memoria di ricordare
La visione di te, scortata da tutti i miei sogni.
E poi adieu,—addio!—il sogno è finito.
La tua è una faccia di cui posso scordare
Il colore e i tratti, tutti,
Le parole mai, e i sorrisi non ancora;
Ma nella tua giornata questo momento è il sole
Su una collina, dopo il tramonto.

Once more into my arid days like dew,
Like wind from an oasis, or the sound
Of cold sweet water bubbling underground,
A treacherous messenger, the thought of you
Comes to destroy me; once more I renew
Firm faith in your abundance, whom I found
Long since to be but just one other mound
Of sand, whereon no green thing ever grew.
And once again, and wiser in no wise,
I chase your colored phantom on the air,
And sob and curse and fall and weep and rise
And stumble pitifully on to where,
Miserable and lost, with stinging eyes,
Once more I clasp,—and there is nothing there.

Ancora una volta nei miei giorni aridi, come rugiada,
O come vento da un' oasi, oppure come il suono
Di dolce acqua fredda gorgogliando sotto terra,
Un nunzio infido, il pensiero di te
Viene per distruggermi; ancora una volta rinnovo
Ferma fede nella tua pienezza, di cui ho trovato
Già da tempo ch'era solo una massa qualunque
Di sabbia, su cui nessun verde crebbe mai.
E di nuovo, in nessun modo più saggia,
Vado a caccia del tuo fantasma colorito nell'aria,
E piango e giuro e cado e gemo e mi alzo
E traballo pateticamente fino a che,
Misera e sperduta, con occhi brucianti,
Ancora una volta mi aggrappo,—e non c'è nulla.

No rose that in a garden ever grew,
In Homer's or in Omar's or in mine,
Though buried under centuries of fine
Dead dust of roses, shut from sun and dew
Forever, and forever lost from view,
But must again in fragrance rich as wine
The grey aisles of the air incarnadine
When the old summers surge into a new.
Thus when I swear, "I love with all my heart,"
'Tis with the heart of Lilith that I swear,
'Tis with the love of Lesbia and Lucrece;
And thus as well my love must lose some part
Of what it is, had Helen been less fair,
Or perished young, or stayed at home in Greece.

Nessuna rosa che mai crebbe in giardino,
Di Omero o di Omar o di me,
Sebbene sepolta sotto secoli di sottile
E morta polvere di rose, priva di sole e di rugiada
Senza respiro, e per sempre sparita di vista,
Non può altro che, in un profumo ricco come il vino
Le grigie navate dell'aria tingere di rosso
Quando le antiche estati irrompono in una nuova.
Così quando giuro, "Amo con tutto il cuore,"
È col cuore di Lilith che giuro,
È con l'amore di Lesbia e di Lucrezia;
E così, infatti, il mio amore perderebbe una parte
Di quel che è, se Elena fosse stata meno bella,
O fosse morta giovane, o rimasta a casa in Grecia.

When I too long have looked upon your face,
Wherein for me a brightness unobscured
Save by the mists of brightness has its place,
And terrible beauty not to be endured,
I turn away reluctant from your light,
And stand irresolute, a mind undone,
A silly, dazzled thing deprived of sight
From having looked too long upon the sun.
Then is my daily life a narrow room
In which a little while, uncertainly,
Surrounded by impenetrable gloom,
Among familiar things grown strange to me
Making my way, I pause, and feel, and hark,
Till I become accustomed to the dark.

Quando troppo a lungo ti ho guardato il viso,
In cui per me un fulgore non adombrato,
Salvo dalla foschia dello stesso fulgore, brilla
Con bellezza terribile da non sopportare,
Mi volto riluttante via dalla tua luce,
E resto indecisa, una mente disfatta,
Una sciocca, una cosa abbagliata, priva di vista
Per aver guardato il sole troppo a lungo.
Allora la mia vita diurna è una camera stretta
In cui per un momento, incerta,
In mezzo a una fitta oscurità,
Fra cose famigliari diventate estranee
Avanzando a tentoni, mi fermo, e sento, e ascolto,
Finché non mi abitui al buio.

And you as well must die, beloved dust,
And all your beauty stand you in no stead;
This flawless, vital hand, this perfect head,
This body of flame and steel, before the gust
Of Death, or under his autumnal frost,
Shall be as any leaf, be no less dead
Than the first leaf that fell,—this wonder fled,
Altered, estranged, disintegrated, lost.
Nor shall my love avail you in your hour.
In spite of all my love, you will arise
Upon that day and wander down the air
Obscurely as the unattended flower,
It mattering not how beautiful you were,
Or how belovèd above all else that dies.

E tu pure devi morire, amata polvere,
E tutta la tua bellezza non ti varrà nulla;
Questa pura, energica mano, questo capo perfetto,
Questo corpo di fiamma e acciaio, davanti al soffio
Della Morte, sotto il suo gelo autunnale,
Cadranno come qualsiasi foglia, l'ultima tanto morta
Che la prima,—la meraviglia fuggita,
Alterata, estranea, disgregata, perduta.
Né ti servirà il mio amore a quell'ora tua.
Malgrado il pieno del mio amore, ti alzerai
In quel giorno e volerai sull'aria
Inosservato come un fiore trascurato,
Non importando quanto eri bello,
Né quanto amato più di ogni essere che muore.

Let you not say of me when I am old,
In pretty worship of my withered hands
Forgetting who I am, and how the sands
Of such a life as mine run red and gold
Even to the ultimate sifting dust, "Behold,
Here walketh passionless age!"—for there expands
A curious superstition in these lands,
And by its leave some weightless tales are told.
In me no lenten wicks watch out the night;
I am the booth where Folly holds her fair;
Impious no less in ruin than in strength,
When I lie crumbled to the earth at length,
Let you not say, "Upon this reverend site
The righteous groaned and beat their breasts in prayer."

Che tu non dica di me quando sarò vecchia,
In pietosa adorazione delle mie mani rugose
Dimenticando chi sono, e come le sabbie
Di una vita come la mia scorrono rosse e d'oro
Fino all'ultima polvere versata, "Vedete,
Qui passa l'età senza passione!"—poiché si difonde
Una curiosa superstizione in queste terre,
E con questo pretesto si raccontano storie senza peso.
In me nessun stoppino quaresimale fa guardia di notte;
Sono la bancarella dove Follia sfoggia i suoi averi;
Empia, tanto nella rovina quanto nella forza,
Quando infine giaccio in briciole a terra,
Che tu non dica, "Su questo sito venerato
Piansero e percossero il petto in preghiera i virtuosi."

Oh, my belovèd, have you thought of this:
How in the years to come unscrupulous Time,
More cruel than Death, will tear you from my kiss,
And make you old, and leave me in my prime?
How you and I, who scale together yet
A little while the sweet, immortal height
No pilgrim may remember or forget,
As sure as the world turns, some granite night
Shall lie awake and know the gracious flame
Gone out forever on the mutual stone;
And call to mind that on the day you came
I was a child, and you a hero grown?—
And the night pass, and the strange morning break
Upon our anguish for each other's sake!

Oh, mio amato, hai mai pensato a questo:
Come negli anni a venire il Tempo senza scrupoli,
Più crudele della Morte, ti strapperà dal mio bacio,
E farà te vecchio, e lascerà me nel fiore degli anni?
O come noi, che scaliamo insieme ancora
Per un po' la dolce, immortale altezza
Che nessun pellegrino può ricordare né dimenticare,
Indubbio come gira il mondo, in una granitica notte
Ci sdraieremo svegli e scopriremo la fiamma graziosa
Adesso spenta per sempre sulla nostra pietra comune;
E ricorderemo che quel giorno che venisti
Io ero bambina, e tu un eroe cresciuto?—
E passerà la notte, e proromperà lo strano mattino
Sulla nostra angoscia l'una per l'altro!

As to some lovely temple, tenantless
Long since, that once was sweet with shivering brass,
Knowing well its altars ruined and the grass
Grown up between the stones, yet from excess
Of grief hard driven, or great loneliness,
The worshiper returns, and those who pass
Marvel him crying on a name that was,—
So is it now with me in my distress.
Your body was a temple to Delight;
Cold are its ashes whence the breath is fled;
Yet here one time your spirit was wont to move;
Here might I hope to find you day or night;
And here I come to look for you, my love,
Even now, foolishly, knowing you are dead.

Come chi a un bel tempio, senza occupanti
Da anni, che era una volta soave con ottone vibrante,
Ben consapevole degli altari in rovina e l'erba
Cresciuta fra le pietre, ma spinto da
Pena troppo dura, o da grande solitudine,
Devoto ritorna, e chiunque passa
Si meraviglia di lui che piange su un nome che fu,—
Così è adesso per me nella mia sofferenza.
Il tuo corpo era un tempio al Diletto;
Fredde le tue ceneri da cui il respiro è fuggito;
Intanto una volta il tuo spirito soleva muoversi qui;
E qui penso di poterti ritrovare notte o giorno;
Qui vengo a cercarti, amore mio,
Imprudente, perfino adesso, sapendo che tu sei morto.

Cherish you then the hope I shall forget
At length, my lord, Pieria?—put away
For your so passing sake, this mouth of clay,
These mortal bones against my body set,
For all the puny fever and frail sweat
Of human love,—renounce for these, I say,
The Singing Mountain's memory, and betray
The silent lyre that hangs upon me yet?
Ah, but indeed, some day shall you awake,
Rather, from dreams of me, that at your side
So many nights, a lover and a bride,
But stern in my soul's chastity, have lain,
To walk the world forever for my sake,
And in each chamber find me gone again!

Tieni a cuore tu mio signore la speranza ch'io
Dimentichi infine Pieria?—ch'io metta da parte
Per il tuo bene effimero, per questa bocca di creta,
Per queste ossa mortali addossate al mio corpo,
Per tutta la debole febbre e lo scarso sudore
Dell'amore umano,—rinunci per questi, dico,
Alla memoria del Monte Cantante, e che tradisca
La silente lira che pende ancora su di me?
Ah, ma infatti, un giorno ti sveglierai
Invece, dai tuoi sogni su di me, che al tuo lato
Per tante notti, come amante e sposa,
Se anche austera, e casta d'animo, sono giaciuta,
E per amor mio percorrerai il mondo in eterno,
In ogni alcova trovandomi di nuovo scomparsa!

When you, that at this moment are to me
Dearer than words on paper, shall depart,
And be no more the warder of my heart,
Whereof again myself shall hold the key;
And be no more—what now you seem to be—
The sun, from which all excellencies start
In a round nimbus, nor a broken dart
Of moonlight, even, splintered on the sea;
I shall remember only of this hour—
And weep somewhat, as now you see me weep—
The pathos of your love, that, like a flower,
Fearful of death yet amorous of sleep,
Droops for a moment and beholds, dismayed,
The wind whereon its petals shall be laid.

Quando tu, che in questo momento sei per me
Più caro di parole su carta, partirai,
E non sarai più il guardiano del mio cuore,
Di cui di nuovo io stessa terrò la chiave;
E non sarai più—quello che adesso sembri—
Il sole, da cui sorgono tutte le eccellenze
In un nimbo rotondo, né una freccia spezzata
Di luce lunare, neanche, una scheggia sul mare;
Ricorderò solo di quest'ora—
E piangerò alquanto, come adesso mi vedi piangere—
Il pathos del tuo amore, che, come un fiore,
Impaurito dalla morte ma innamorato del sonno,
Si affloscia un momento e mira, sgomento,
Il vento su cui giaceranno i suoi petali.

Love is not blind. I see with single eye
Your ugliness and other women's grace.
I know the imperfection of your face,—
The eyes too wide apart, the brow too high
For beauty. Learned from earliest youth am I
In loveliness, and cannot so erase
Its letters from my mind, that I may trace
You faultless, I must love until I die.
More subtle is the sovereignty of love:
So am I caught that when I say, "Not fair,"
'Tis but as if I said, "Not here—not there—
Not risen—not writing letters." Well I know
What is this beauty men are babbling of;
I wonder only why they prize it so.

L'amore non è cieco, vedo con occhio acuto
La tua bruttezza e la grazia di altre donne.
Conosco i difetti del tuo viso,
Gli occhi distanziati, le sopracciglia troppo alte
Per essere belle. Versata da piccola sono io
Per la bellezza, e non posso cancellare
Queste grafie dalla mente, per descriverti
Perfetta, ma devo amare finché non muoio.
Più sottile è il predominio d'amore:
Sono impacciata quando dico "Non bella,"
È lo stesso che dicessi, "Qui no—lì no
Alzata no—scrivendo lettere no." So benissimo
Che cos'è la bellezza di cui gli uomini straparlano;
Mi chiedo solo perché la stimano tanto.

I know I am but summer to your heart,
And not the full four seasons of the year;
And you must welcome from another part
Such noble moods as are not mine, my dear.
No gracious weight of golden fruits to sell
Have I, nor any wise and wintry thing;
And I have loved you all too long and well
To carry still the high sweet breast of Spring.
Wherefore I say: O love, as summer goes,
I must be gone, steal forth with silent drums,
That you may hail anew the bird and rose
When I come back to you, as summer comes.
Else will you seek, at some not distant time,
Even your summer in another clime.

Lo so che sono soltanto estate per il tuo cuore,
E non tutte le quattro stagioni dell'anno;
E tu devi accogliere da un'altra parte
Arie nobili che non mi appartengono, mio caro.
Nessun grazioso peso di frutta d'oro da vendere
Tengo io, né altra cosa savia e invernale;
E io t'ho amato troppo a lungo e bene
Da portare ancora l'alto e dolce seno di Primavera.
Per cui dico: Amore, come passa l'estate,
Devo io partire, sgusciando via con tamburi silenziosi,
Così tu possa salutar di nuovo l'uccello e le rose
Quando torno io da te, come torna l'estate.
Sennò cercherai, in un tempo non lontano,
Anche la tua estate in un altro clima.

I pray you if you love me, bear my joy
A little while, or let me weep your tears;
I, too, have seen the quavering Fate destroy
Your destiny's bright spinning—the dull shears
Meeting not neatly, chewing at the thread,—
Nor can you well be less aware how fine,
How staunch as wire, and how unwarranted
Endures the golden fortune that is mine.
I pray you for this day at least, my dear,
Fare by my side, that journey in the sun;
Else must I turn me from the blossoming year
And walk in grief the way that you have gone.
Let us go forth together to the spring:
Love must be this, if it be anything.

Ti prego, se mi ami, sopporta la mia gioia
Un momento ancora, o fammi piangere le tue lagrime;
Anch'io ho visto il Fato tremolante distruggere
Il brillante giro del tuo destino—le forbici smussate
Corrispondendo male, rosicchiando il filo,—
Né puoi essere meno consapevole di quanto esile,
Quanto tesa come fil di ferro, e arbitraria
Persiste la fortuna d'oro che è adesso mia.
Ti prego, per questa giornata almeno, caro mio,
Accompagnami, che viaggio nel sole;
Sennò devo rinunciare all'anno in fioritura
E seguirti in lutto sulla via che hai percorso tu.
Andiamo avanti insieme alla sorgente:
L'amore deve essere questo, se è cosa alcuna.

Pity me not because the light of day
At close of day no longer walks the sky;
Pity me not for beauties passed away
From field and thicket as the year goes by;
Pity me not the waning of the moon,
Nor that the ebbing tide goes out to sea,
Nor that a man's desire is hushed so soon,
And you no longer look with love on me.
This have I known always: Love is no more
Than the wide blossom which the wind assails,
Than the great tide that treads the shifting shore,
Strewing fresh wreckage gathered in the gales:
Pity me that the heart is slow to learn
What the swift mind beholds at every turn.

Compatisci me non perché la luce del giorno
Alla fine del giorno non cammina più nel cielo;
Compatisci me non per le bellezze sparite
Dai campi e dai boschetti col passar dell'anno;
Compatisci me non per la luna che declina,
Neppure per il ritiro della marea verso mare,
Né per la brama dell'uomo che presto tace,
E che tu non mi guardi più con amore.
Questo l'ho saputo sempre: L'amore non è altro
Che un ampio fiore assalito dal vento,
Oppure la grande marea che calpesta l'inquieta riva,
Lasciando rottami freschi raccolti nelle burrasche:
Compatisci me perché il cuore è lento a imparare
Cose che la mente rapida scorge ad ogni svolta.

Oh, oh, you will be sorry for that word!
Give me back my book and take my kiss instead.
Was it my enemy or my friend I heard,
"What a big book for such a little head!"
Come, I will show you now my newest hat,
And you may watch me purse my mouth and prink!
Oh, I shall love you still, and all of that.
I never again shall tell you what I think.
I shall be sweet and crafty, soft and sly;
You will not catch me reading any more:
I shall be called a wife to pattern by;
And some day when you knock and push the door,
Some sane day, not too bright and not too stormy,
I shall be gone, and you may whistle for me.

Oh, oh, ti pentirai di questa parola!
Rendimi il mio libro e prendi invece un bacio.
Fu da un amico o un nemico che ho sentito,
"Che gran libro per tanto piccolo cervello!"
Vieni, ti farò vedere il mio cappello tutto nuovo,
E potrai mirare come mi liscio e contraggo le labbra!
Oh, ti amerò ancora, e tutto quanto.
E mai più ti dirò quel che penso.
Sarò dolce e astuta, tenera e furba;
Non mi troverai più con libri in mano:
Mi diranno moglie modello;
E un giorno quando bussi e spingi la porta,
Un giorno mite, né soleggiato né tempestoso,
Sarò andata via, e tu potrai fischiare a me.

I shall go back again to the bleak shore
And build a little shanty on the sand,
In such a way that the extremest band
Of brittle seaweed will escape my door
But by a yard or two; and nevermore
Shall I return to take you by the hand;
I shall be gone to what I understand,
And happier than I ever was before.
The love that stood a moment in your eyes,
The words that lay a moment on your tongue,
Are one with all that in a moment dies,
A little under-said and over-sung.
But I shall find the sullen rocks and skies
Unchanged from what they were when I was young.

Tornerò di nuovo alla misera riva
E costruirò una capanna sulla sabbia,
In modo che la più vicina branca
Di alga stecchita sfuggirà la mia porta
Per un metro o due; e mai più
Tornerò a prenderti per mano;
Sarò andata verso quello che capisco,
E sarò più felice che mai prima.
L'amore che ristette un momento nei tuoi occhi,
Le parole che ti posarono un momento sulla lingua,
S'uniscono a tutto ciò che in un momento muore,
Un po' sgonfiate, un po' esagerate.
Ma troverò quei cupi cieli e rocce
Immutati da quel che erano quando io ero giovane.

I, being born a woman and distressed
By all the needs and notions of my kind,
Am urged by your propinquity to find
Your person fair, and feel a certain zest
To bear your body's weight upon my breast:
So subtly is the fume of life designed,
To clarify the pulse and cloud the mind,
And leave me once again undone, possessed.
Think not for this, however, the poor treason
Of my stout blood against my staggering brain,
I shall remember you with love, or season
My scorn with pity, —let me make it plain:
I find this frenzy insufficient reason
For conversation when we meet again.

Io, essendo nata donna e innervosita
Da tutte le circostanze e credenze della mia sorte,
Sono spinta dalla tua propinquità a trovare
Amabile la tua persona, e sento una certa voglia
Di sostenere il tuo peso sul petto mio:
Tanto sottilmente concepite sono i vapori vitali,
Per schiarire il polso e annebbiare la mente,
Che mi lasciano un'altra volta disfatta, posseduta.
Ma non pensare per questo meschino tradimento
Del mio sangue robusto al cervello vacillante,
Che ti ricorderò con amore, o che condirò
Il mio disdegno con pietà,—lasciami dire chiaro:
Trovo in questa frenesia scarso motivo
Per conversare quando dopo c'incontriamo.

Still will I harvest beauty where it grows:
In coloured fungus and the spotted fog
Surprised on foods forgotten; in ditch and bog
Filmed brilliant with irregular rainbows
Of rust and oil, where half a city throws
Its empty tins; and in some spongy log
Whence headlong leaps the oozy emerald frog....
And a black pupil in the green scum shows.
Her the inhabiter of divers places
Surmising at all doors, I push them all.
Oh, you that fearful of a creaking hinge
Turn back forevermore with craven faces,
I tell you Beauty bears an ultrafringe
Unguessed of you upon her gossamer shawl!

Intanto, coglierò bellezza dovunque cresce:
Nella muffa colorita e nelle macchie nebbiose
Trovate sugli avanzi scordati; nei fossi e nelle paludi
Velati e sgargianti con prismi anomali
Di ruggine e olio, dove metà della città getta
Le sue lattine vuote; e in qualche tronco spugnoso
Da cui si lancia di testa la rana smeralda melmosa....
E una pupilla nera nella verde feccia svela.
Lei abitante di diversi luoghi
Fa congetture ad ogni porta, io le spingo tutte.
Oh, voialtri, che spauriti dallo stridio di un ganghero
Vi voltate per sempre con facce paurose,
Vi dico che Bellezza porta un'ultrafrangia
Mai figurata da voi sull'orlo dello scialle diafano!

Euclid alone has looked on Beauty bare.
Let all who prate of Beauty hold their peace,
And lay them prone upon the earth and cease
To ponder on themselves, the while they stare
At nothing, intricately drawn nowhere
In shapes of shifting lineage; let geese
Gabble and hiss, but heroes seek release
From dusty bondage into luminous air.
O blinding hour, O holy, terrible day,
When first the shaft into his vision shone
Of light anatomized! Euclid alone
Has looked on Beauty bare. Fortunate they
Who, though once only and then but far away,
Have heard her massive sandal set on stone.

Euclide solo ha mirato Bellezza nuda.
Che quelli che cianciano di Bellezza tacciano ormai,
E giacciano bocconi sulla terra smettendo
Di ruminare su se stessi fissando
Il nulla disegnato finemente nel vuoto
In forme di lignaggio variabile; che le oche
Borbottino e sussurino, ma gli eroi cerchino rilascio
Dalla polverosa schiavitù all'aria luminosa.
O ora accecante, O sacro, terribile giorno,
Quando per primo splendé a sua vista il raggio
Della luce suddivisa! Euclide solo
Ha mirato Bellezza nuda. Fortunati
Chi, magari una volta e poi solo da lontano,
Sentono su pietra il suo massiccio sandalo.

Bibliography/Bibliografia

Atkins, Elizabeth. *Edna St. Vincent Millay and Her Times*. Chicago: The University of Chicago Press, 1936, and New York: Russell & Russell, 1964.

Epstein, Daniel Mark. *What Lips My Lips Have Kissed: The Loves and Love Poems of Edna St. Vincent Millay*. New York: Henry Holt and Company, 2001; First Owl Books Edition, 2002.

Freedman, Diane P., ed. *Millay at 100: A Critical Reappraisal*. Carbondale and Edwardsville, Ill.: Southern Illinois University Press, 1995.

Fried, Debra. "Andromeda Unbound: Gender and Genre in Millay's Sonnets." *Twentieth Century Literature*. 32 (1986) pp.1-22.

Milford, Nancy. *Savage Beauty: The Life of Edna St. Vincent Millay*. New York: Random House Trade Paperbacks, 2002.

Millay, Edna St. Vincent. *Collected Sonnets*. Revised and Expanded Edition. New York: Harper & Row and Toronto: Fitzhenry and Whiteside, 1988.

Miller, Nina. *Making Love Modern: The Intimate Public Worlds of New York's Literary Women*. New York: Oxford University Press, 1999.

The Translator
Laura Klinkon

Born in Italy, in the province of Enna, she became an American citizen at ten years old. Having completed all of her schooling in the United States, her university degrees in languages and literature were conferred by the University of Pittsburgh in Pennsylvania and by American University in Washington, D. C. She pursued additional studies at New York University, Long Island University, and Middlebury College in Vermont. Having worked for various employers as an editor and translator, and from time to time as a teacher, she has experienced almost all editorial genres including medical, political, educational, technical, journalistic, and advertising. After having raised two sons with her ex-husband in Rochester, N.Y., she retired, dedicating herself to poetry, and publishing her poetry collection *Trying to Find You* in 2013 and two satirical chapbooks *Kitchen Abrasives* and *Looking Askance* in 2017. The present bilingual volume, English with Italian translation, has been an independent project, produced over a year, complete with research, translation, editing, a verification visit to Italy, the book design and digital preparation, the whole accomplished with the important support of The Millay Society of Austerlitz, New York, and the "Casa delle Traduzioni" of the Libraries of Rome. Throughout, she has enjoyed the stimulus and support of her friends both Italian and American.

La Traduttrice
Laura Klinkon

Nata in Italia, nella provincia di Enna, è diventata cittadina americana a dieci anni. Avendo completato tutti i suoi studi negli Stati Uniti, le lauree in lingue e lettere sono state conferite presso l'Università di Pittsburgh nella Pennsylvania e presso l'American University di Washington, D.C Ha perseguito altri studi alla New York University, alla Long Island University, e al Middlebury College del Vermont. Avendo lavorato presso varie enti come redattrice e traduttrice, e talvolta anche come insegnante, ha sperimentato quasi tutti i generi editoriali, cioè politici, educativi, tecnici, giornalistici, e pubblicitari. Dopo di aver cresciuto due figli con il suo ex-marito a Rochester, N.Y., si è pensionata dedicandosi alla poesia, e pubblicando la sua raccolta di poesia *Trying to Find You* nel 2013 e nel 2017, due volumetti satirici *Kitchen Abrasives* e *Looking Askance*. Il presente volume bilingue, inglese con traduzione italiana, è stato un progetto indipendente, elaborato nel giro di un anno, inclusi la ricerca, la traduzione, la redazione, una visita di verifica in Italia, il disegno e la preparazione digitale del libro, il tutto compiuto con l'importante appoggio della Società Millay di Austerlitz, New York e della Casa delle Traduzioni delle Biblioteche di Roma. Durante tutto questo periodo, ha goduto lo stimolo e il sostegno dei suoi amici sia italiani che americani.

www.ingramcontent.com/pod-product-compliance
Lightning Source LLC
Chambersburg PA
CBHW070437010526
44118CB00014B/2083